AF347350

LISTE

D'UNE JOLIE COLLECTION

DE TABLEAUX

VENANT DE L'ÉTRANGER,

DONT la Vente se fera les vendredi 17 et samedi 18 novembre 1809, six heures de relevée, en la grande salle de l'hôtel Bullion, rue J.-J. Rousseau, n°. 3 ;

ET

L'EXPOSITION aura lieu les jeudi 16 et vendredi 17 novembre, depuis onze heures du matin jusqu'à trois de relevée.

SE DISTRIBUERA A LA SALLE DE VENTE,

PAR MM. { CHARIOT, Commissaire-Priseur ; CONSTANTIN, chargé de la direction de la vente.

AN 1809.

EXPOSÉ.

Si cette collection ne s'annonce pas par les noms fameux des grands maîtres, dont on fait trop souvent l'emploi ridicule, du moins y verra-t-on des productions de goût dans une agréable variété de sujets et de genres, où le commerce principalement doit y trouver son avantage, la plupart n'ayant point de bordures, dont la défectuosité aurait fait des frais de transport en pure perte. Les attributions de noms d'auteurs ont été assignées par les premiers artistes et connaisseurs. Mais pour n'abuser personne ni donner lieu à aucune contestation, il est déclaré que le tout sera vendu à la connaissance des enchérisseurs, au comptant.

Cette liste en a été dressé sans aucun détail ni distinction du mérite et du choix de plusieurs sujets.

Les lettres c, b et t qui se trouvent à la fin des articles, désignent les mots *cuivre*, *bois* et *toile*.

LISTE

DES TABLEAUX

QUI COMPOSENT LA VENTE.

Nᵒ. 1ᵉʳ. **D**EUX pièces allégoriques ; par *Alb-
Durer*. C.

2. Un sujet de naissance ; par *P. Bylaert*. B.

3. Un fumeur ; par *P. Ver-Elst*. B.

4. Un riche paysage ; par *S. Ruysdael*. B.

5. Un ditto, très-piquant. B.

6. Deux pièces, paysages et figures ; par
Barendt-Gaal. A.

7. Point de vue d'un parc ; par *Moucheron*. B.

8. Un ditto, même genre.

9. Un petit sujet très-piquant ; par *P. Wouwermans*. B.

10. Jésus-Christ faisant un miracle ; par *Van-
Eckout*. B.

11. Un ménage de villageois ; par *Brakem-
burg*. T.

12. Un paysage avec un beau groppe d'animaux et de personnages ; par *Zolemaker*. B.

13. Une prairie couverte d'animaux ; par *W. Van-Romyn*. T.

14. Un ditto, forme en hauteur. B.

15. Un autre moins grand. B.

16. Ruines, fabriques et paysage ; par *C. Decker*. B.

17. Un ditto, mêmes genre et forme. B.

18. Un intérieur d'église ; par *Emanuel De vitte*. B.

19. Un sujet de collation ; par *Palamedès*. B.

20. Une marine avec paysage ; par *Cuyp-Albert*. B.

21. Un paysan sur un âne ; par *Momers*. B.

22. L'annonce au berger ; par *Beghen*. B.

23. Un ditto, style italien.

24. Sujet d'un paysage, rivière et pêcheurs ; par *Klas-Molnaert*. B.

25. Buste de vieillard ; par *Rembrandt*. B.

26. Un ditto, portrait d'une belle femme. T.

27. Le portrait d'Erasme ; par *Holben*. B.

28. Un paysage (genre de Moucheron); par *Schelings*. B.

29. Une prairie avec animaux ; par *Ad. Van-Develde*. T.

30. Une grotte avec baigneuses ; par *Kulem-burg*. B.

31. Un ditto moins grand, même genre. B.

32. Le jugement de Pàris ; par *Verlangen*. T.

33. Le Christ en croix : morceau précieux. C.

34. Petit paysage et baigneuses ; par *J. Wils*. B.

35. Un souterrain pittoresque et de précieux détails ; par *Thomas Weeck*. B.

36. Un ditto, sujet d'un forgeron. B.

37. Riche paysage avec chariot de paysan ; par *Isuac Van-Ostade*. B.

38. Concert de famille dans un intérieur : estimé comme *Metzu*. T.

39. Etude d'un beau cheval ; par *C. de Moor*. B.

40. Napolitain jouant aux cartes ; par *Michel-Ange-des-Batailles*. T.

41. Départ d'une chasse, et un pont dans le milieu ; par *Pierre Wouwermans*. B.

42. Un intérieur de corps-de-garde, composition de onze figures ; par *Téniers* le père. T.

43. Un paysage par *Devries* ; fig. par *Isaac-Ostade*. B.

44. Deux portraits de personnages à cheval. T.

45. Concert des chats ; composition originale de *Breughel*. B.

46. Deux paysages ; par *Bout et Baudwins*. B.

47. Deux ditto moins grands. B.

48. Un paysage avec cinq figures ; par *David Téniers*. T.

49. Allégorie aux misères de la guerre, tableau d'un riche détail ; par *Jean Breughel*. B.

50. Halte de cavaliers, fond de paysage ; par *Bareud - Gaal*, imitateur de *C. Dujardin*. B.

51. Riche paysage et chaumières ; par *Cornelis Deker*. B.

52. Un ditto, mêmes genre et proportion. B.

53. Précieuse étude, appelée par les artistes le cheval vivant ; par *Ant. Vandick*. T.

54. Architecture et chevaux ; par *Van-Blomen*. T.

55. Riche paysage ; par *Sibrexe*. T.

56. Un ditto, par *Vildens*. T.

57. Le martyre de saint Erasme : belle copie d'après *N. Poussin*. T.

58. Retour et départ de chasses anciennes : copies de *Ph. Wouwermans*. T.

59. Paysage de la plus riche couleur ; un pont dans le milieu ; par *Van-Goyen*. B.

6o. Un port de mer : esquisse comme *Berghem*. T.

61. Fabriques et ruines avec bestiaux ; par *A. Pinaker*. B.

62. Joli sujet de deux figures ; par *Lundens*. B.

63. Paysanne occupée à traire une vache, et autres détails ; par *Van-Dong*. B.

64. Deux petits sujets : intérieur et réjouissance flamande. B.

65. Deux sujets de buveurs, et paysannes qui jouent de la flûte. B.

66. Un incendie ; par *Vander-Poël*. B.

67. Un ditto. B.

68. Le bénédicité avant le repas de famille ; par *Molnaërt*. B.

69. Un sujet gravé, sous le titre de la fricasseuse, d'après *Metzu*. T.

70. Deux tableaux : paysages et bestiaux imités de *N. Berghem*. B.

71. Une prairie couverte d'animaux ; par *Janson*. B.

72. Deux intérieurs de grange, à l'imitation d'*Isaac Van-Ostade*. T.

73. Paysage et chaumières très-piquans ; par
Rombauth. B.

74. Concert de mendians : sujet de caractère ;
par *Molnaërt*. B.

75. Joli paysage : imitation de *D. Téniers*. T.

76. La reine Cléopâtre , accompagnée de sa
suivante. B.

77. Un sujet de tabagie ; par *Absoven*. B.

78. Un autre de même genre. B.

79. Famille de villageois, avec animaux : ou-
vrage moderne. T.

80. Deux cavaliers et leurs chiens dans la cam-
pagne. B.

81. Joli tableau de paysage ; par *Verboom*. B.

82. Bestiaux dans un paysage : imitation de
Vander-Doës. B.

83. Prairie couverte d'animaux : imitation de
V. Romin. B.

84. Deux tableaux : le cordonnier et la fi-
leuse. T.

85. Deux autres : garçon qui joue du tambour
et un bouquet de fleurs. T.

86. Un marchand de poisson ; par *Breelem-
kemp*. B.

87. Ruines et paysage ; par *Bramberg*. B.

88. Une marine ; par *Zeeman*. T.

89. Un ditto, moins grande. B.

90. Sujet d'une sainte famille , peint sur agate.

91. Deux tableaux : intérieur de tabagie; par *Hemskerk*. B.

92. Un paysage ; par *Van-Asch*. B.

93. Sujet du Christ, pastiche de *Téniers*, sur agate.

94. Sujet de deux figures , d'après *Van-Ostade*. B.

95. Un joli portrait d'homme ; par *Nets-cher*. C.

96. Un paysage et marine ; par *Molnaërt*. B.

97. Un sujet de trois figures ; par *C. Béga*. B.

98. Un riche paysage ; par *Heusmans de Maline*. T.

99. Deux tableaux d'animaux ; par *Griff*. T.

100. Un sujet de chanteurs flamands ; par *Craësbak*. B.

101. Annonce aux bergers ; par *Cuyp - le-Vieux*. B.

102. Une descente de croix : esquisse de *G. Metzu*. B.

103. Une tête d'étude ; par *F. Hals*. B.

104. Paysage, marine et une soirée ; par *Van-der-Neer*. B.

105. Buste de femme : école de *Rembrandt*. B.

106. Une bataille : genre de *Lingelback*. B.

107. Vue d'une place publique ; par *Berkey-den*. T.

108. Un grand paysage, fig. de *Regmorter*. B.

109. Belle copie de la famille de G. Dow. B.

110. Paysage avec figures ; par *A. Both*. B.

111. Sainte famille : sujet gothique. B.

112. Quatre tableaux sans châssis : sujets paysages et fleurs ; par *Roos. Bos-kaërt*.

113. Sujet d'un hiver, fig. de patineurs ; par *Vander-Capel*. B.

114. Un bouquet de fleurs, signé de l'ar-tiste. B.

115. Marine en hauteur ; grande barque dans le milieu. T.

116. Paysage fait au premier coup ; par *Vader*. T.

117. Tombeau de sainte Cécile, entouré de fleurs. T.

118. Une marchande de légumes ; par *Lem-breekts*. T.

119. Étude d'un mendiant ; par *Durier*. B.

120. Grande composition grisaille : école de
  Lairesse. T.

121. Une belle grisaille : sujet d'*Hérodiale*. T.

122. Deux tableaux : fleurs et fruits ; par
  Mignon et *Deheim.* B.

123. Un chirurgien de village ; par *Molnaërt*. B.

124. Une bataille , esquisse ; par *Hugtem-
  burg*. T.

125. Deux tableaux paysages; par *Piémont*. T.

126. Deux autres : plantes, reptiles et insectes ;
  par *Otto-Marceus* et *Beghen*. T.

127. Grande marine et effet d'orage ; style de
  Bachuysen. T.

128. Deux tableaux paysages ; par *Barandt-
  Graat*. T.

129. Un sujet de ruines avec figures ; par
  Breemberg. B.

130. Une tête ; par *Brawr*. B.

131. Quelques articles qui seront divisés sous
  ce numéro, et par lesquels on com-
  mencera les vacations.

NOTA. Les amateurs sont aussi prévenus qu'il se fera le lundi 20 novembre, six heures de relevée et en une seule séance, dans la grande salle de l'hôtel Bullion, rue J.-J. Rousseau, une autre vente de *tableaux*, dont les principaux articles seront exposés le matin de la vente, ainsi que quelques articles de porcelaine, marbres précieux, pierres gravées, agates, et autres objets de curiosité.

FIN.

De l'imprimerie de VALADE, rue Coquillère, n°. 27.